LETTRE

D'UN
LIEUTENANT GÉNÉRAL,

A

M. LE COMTE DE L***.

LETTRE

D'UN

LIEUTENANT GÉNÉRAL,

A

M. LE COMTE DE L***.

JE vous ai promis, mon cher Comte, de vous mettre par écrit mes réflexions sur la conversation que nous eûmes hier ensemble, et sur l'objet qui en faisait la matière. La position délicate et malheureuse où se trouve M. de M., et l'intérêt que vous y prenez, m'ont fait naître, au premier apperçu, les idées que je vais vous rappeller ici, avec plus de précision et de clarté. J'ose présumer que vous y trouverez des armes suffisantes pour combattre victorieusement les objec-

A ij

tions , que vous a faites dernièrement un ami du Ministre , et qui , dans le premier instant , ont parues vous embarrasser un peu.

Mais , pour mettre quelqu'ordre dans cette discussion, je vais d'abord poser la question, qui me semble se réduire à trois points , que je traiterai séparément , et les conséquences qui en dériveront , pourront , j'espère , sapper jusqu'aux fondemens de la défense qu'on oppose.

1.º Tout Militaire , de quelque grade qu'il puisse être, qui éprouve un acte de rigueur, n'a-t-il pas le droit de faire juger sa conduite par un Conseil de guerre ; et peut-on le lui refuser quand il le réclame ?

2.º Peut-on refuser à un Colonel un jugement légal, quand il l'invoque , sous prétexte que sa place étant de confiance, il peut la perdre , comme il l'a reçue , par la seule volonté du Roi, et sans que sa destitution soit confirmée par aucun jugement ?

3.º Peut-on honnêtement accepter la dépouille d'un Colonel ainsi destitué, et qui persévère dans sa réclamation ? et la justice permet-elle que l'on punisse , ou improuve seulement celui qui la refuserait ?

1.° *Tout Militaire*, &c. &c.

Si la loi accorde toujours un jugement à celui qui l'invoque , dans quelque classe de citoyens qu'il se trouve placé, n'est-ce pas sur-tout le Militaire qui a droit de réclamer le jugement de ses Pairs ?

Celui qui fait un métier dont l'honneur est en même-temps l'objet et le salaire , n'est-il pas autorisé à prendre tous les moyens authentiques et légaux , de le conserver dans toute sa pureté ?

Si, à l'appui de cet argument sans replique, je voulais rappeller des faits , notre propre histoire, celle des Puissances militaires qui jouent le plus grand rôle dans l'Europe, m'en fourniraient mille. Il me suffira de citer ici l'exemple de Frédéric Second,

Vous savez, mon cher Comte , que ce grand Maître de l'art, si digne de l'hommage et du respect des Militaires de tous les pays, et de tous les temps, prit à tâche de faire lui-même plusieurs fois, et à dessein, quelques petites injustices à des Officiers de son armée ; il les engageait ensuite secrettement à en porter plainte au Conseil de guerre institué par lui, lequel ne manquait jamais d'y faire droit.

Ce grand homme prouvait par-là, qu'il était tellement pénétré de l'esprit de justice inséparable de toute bonne discipline, qu'il se prêtait à servir lui-même à en affermir les principes dans son armée.

En effet, peut-on attendre des hommes, l'obéissance passive que notre métier prescrit, si à côté de cette exigence pénible et continue, on ne fait marcher de pair l'idée consolante de la justice distributive la plus exacte, qui récompense le zèle actif et observateur de la loi, en même-temps qu'elle punit la négligence, la mollesse, ou l'insubordination.

Toute constitution a ses principes et ses loix ; les principes du Militaire, sont ceux de l'honneur ; ses loix, sont les ordonnances. Aucunes n'ont consacré la déstitution arbitraire , également contraire aux usages militaires de tous les temps.

Mais les dernières Ordonnances émanées du nouveau Conseil de la guerre , dont l'institution paraît n'avoir pour but , que d'écarter l'arbitraire et la versatilité des principes , paraissent l'exclure de la manière la plus positive. * Depuis la réception du Volontaire au grade d'Officier , jusqu'aux nominations des emplois supérieurs , d'une part ; et depuis l'exclusion d'un Volontaire, que son incapacité , ou son inconduite , ne font pas juger digne de rester au service du Roi , jusqu'à la suspension d'un Capitaine en second , pour passer au grade de Capitaine Commandant, ou sa destitution , de l'autre ; ** tout est soumis au jugement d'un Conseil , composé des Officiers Généraux de

---

* Voyez l'Ordonnance concernant la hiérarchie militaire, tit. 1 , art. 18 , 19 , 20 ; tit. 8 , art. 5 , 6 ; tit. 9 , art. 5 , 6 ; tit. 16 , art. 1 , 2 , 3 , 4 , 5 ; tit. 17, art. 1 , 2 , 3.

** Voyez la même Ordonnance , tit. 1 . art. 21 , 22 ; tit. 2 , art. 1 , 2 , 3 ; tit. 16 , art. 1 , 2 , 3 , 4 , 5.

la division , présidé par le Lieutenant Général qui la commande.

L'usage général et constant de toutes les puissances militaires de l'Europe , nos propres Ordonnances , et plus particulièrement encore les dernières dispositions adopteés par le Roi , de l'avis de son Conseil de la guerre , et promulguées de la manière la plus solemnelle , consacrent donc irrévocablement ce principe. *Que tout Militaire doit être soumis à un Conseil , quand il réclame un jugement , et qu'on ne peut lui refuser l'exécution de la loi , quand il l'invoque pour justifier son honneur.*

2.º Peut-on refuser à un Colonel , &c. &c...

Le principe , que tout Militaire doit obtenir un Conseil de guerre , quand il réclame un jugement , est sur-tout applicable à un Officier supérieur , principalement à un Colonel , puisque , par son grade et par ses fonctions , il est plus qu'un autre dans le cas de rendre compte de sa conduite , et qu'il est plus intéressant qu'elle soit éclairée sous tous les rapports.

Plus sa place est élevée , plus l'exercice en
devient

devient important; son autorité plus éten‑
due que celle des grades inférieurs, présente,
par cela même, plus de facilités d'en abuser;
sa considération est attachée à l'usage qu"il
en fait, et la considération, étant le résultat
de l'opinion publique , tout ce qui tend à
l'éclairer, lui devient essentiellement né‑
cessaire.

Cette considération sera donc indispensa‑
blement attaquée par un acte d'autorité, tel
qu'une déstitution arbitraire; et un jugement
légal peut seul la conserver intacte; tout
autre moyen ne serait jamais qu'un palliatif
insuffisant, et sans effet.

Mais , dit-on, les places de Colonels, sont
des places de confiance, dont le Roi peut
disposer à sa volonté, et qu'il peut retirer
comme il les a donnés.

Peut-on se flatter, qu'à l'aide de ce para‑
doxe de nouvelle invention, on fera passer
la destitution arbitraire d'un Colonel, pour
une chose toute simple, et contre laquelle
l'opinion publique n'a pas le droit de s'éle‑
ver ? Outre que l'usage est absolument con‑

traire à cet étrange raisonnement, et qu'il n'existe d'exemple de Colonels ainsi dépouillés, que parmi le petit nombre de ceux auxquels on a fait grace d'un jugement légal, qui eût rendu publiques, et puni plus sévèrement leurs prévarications manifestes et avérées; la raison seule suffit pour en démontrer l'absurdité.

Les places que l'on peut appeller de confiance, et dont la conservation, comme telles, peut dépendre uniquement de la volonté du Roi, sont celles qui ressortissent directement de lui, de son Conseil, ou de ses Ministres, et qui en reçoivent des instructions, ou une mission secrètes.

Telles sont, par exemple, celles des Secrétaires d'Etat, des Miniſtres dans les Cours étrangères, des Commandans de Province, des Commissaires départis, &c.....

Mais la place de Colonel n'est nullement dans cette classe; elle ne differe que par la seule supériorité du grade, de tous les emplois auxquels est atachée l'activité militaire. Il n'y a d'autre distinction, entre le Colonel, et les Lieutenant Colonel et Major, tous deux Officiers supérieurs comme lui, que celle du grade qui les place sous ses ordres ; comme lui, l'un et l'autre commandent dans les Régimens auxquels ils sont attachés, tous les grades qui leur sont inférieurs ; le Lieutenant Colonel, en l'absence du Colonel, et le Major en l'absence des deux autres, commandent la totalité du Régiment avec la même étendue d'autorité.

Rien de secret dans leurs fonctions, rien de caché dans leurs missions.

Soumis eux-mêmes aux Ordonnances, qu'ils sont chargés de faire exécuter aux autres, c'est par elles, et d'après elles, qu'ils commandent , et qu'ils ont droit de prétendre à être obéis.

Si le Colonel , comme premier Chef, et comme tel, le premier aussi responsable de la besogne, a en conséquence le droit de donner des ordres , absent comme présent, n'en doit-il pas compte lui-même à son tour au Maréchal de Camp de sa Brigade,

à l'inspecteur de sa division, et au Lieu-
tenant-général qui la commande.

C'est ainsi que, formans chacun un
anneau de la chaîne qui constitue l'armée
et unit les individus qui la composent, les
rapports existans entre eux se trouvent éta-
blis et fixés par une progression graduelle,
et déterminée depuis le Général jusqu'au
Soldat.

Si donc, dans le noble métier des armes,
l'honneur d'un Officier, de quelque grade
qu'il soit, est toujours compromis quand il
perd sa place sans avoir donné sa démission;
si, être destitué, ou deshonoré, est toujours synonyme pour tout Militaire Français,
comment pourrait - on se flatter de faire
adopter, pour les seuls Colonels, une ex-
ception à ce principe unaniment établi ?

Si la place de Colonel diffère des autres
emplois d'Officiers supérieurs, c'est uniquement en ce qu'elle est une charge dont les
titulaires sont obligés de payer une finance
assez chère, et qui perd un quart à chaque

mutation ; cette seule différence n'est-elle donc pas un titre de plus pour les défendre de l'amovibilité arbitraire que l'on voudrait établir pour eux-seuls ?

Quelle inquiétude et quel effroi l'adoption d'un semblable principe ne donnerait-elle pas à tous les Colonels de l'Armée ?

Après avoir fait, à la tête de leurs Régimens, le sacrifice d'une partie de leur fortune, et du temps le plus précieux de leur vie, pour donner au Roi des preuves de leur zèle pour son service ; après l'avoir démontré souvent, d'une manière plus éclatante et plus utile encore, en combattant les ennemis de l'Etat et exposant leur vie pour sa défense ; ils se verraient donc sans cesse à la merci de la prévention, de la malveillance, ou du caprice d'un Ministre, qu'un moment d'humeur, un sentiment secret de haine, ou seulement l'envie de favoriser une de ses créatures, en lui donnant un Régiment, porterait à les priver du prix de leurs services par cet acte d'autorité arbitraire, aussi contraire à tout principe d'ordre et de justice, qu'à ceux de la bonne discipline.

Si l'exemple éclatant d'un prévaricateur, jugé par un Conseil et puni par La loi, doit en imposer à tous les Chefs de corps, et contenir chacun dans les bornes de ses devoirs respectifs, il faut avouer en même-temps, que la destitution arbitraire d'un Chef, provoquée par une suite de tracasseries suscitées par ses subalternes, ne peut produire que l'effet le plus dangereux. C'est, s'il m'est permis de le dire, une *monstruosité militaire*.

Convenons donc, mon cher Comte, *que bien loin que l'on puisse refuser à un Colonel, le jugement d'un Conseil, quand il le réclame pour y justifier sa conduite et son honneur; plus la place qu'il occupe dans l'armée, est en évidence, plus son grade est élevé, plus ses fonctions sont importantes, plus il doit être soumis aussi aux formes graves et rigoureuses de la loi : il ne doit pas plus être déstitué arbitrairement, que le dernier Lieutenant de l'armée.*

c'est un Conseil de guerre qui peut seul pro-
noncer sur son sort, et ni la faveur, ni la rigueur, ne doivent l'y soustraire.

3.º *Peut-on honnêtement*, &c. &c...

Si je suis parvenu à vous démontrer, mon
cher Comte, *que tout Militaire a droit d'obtenir le jugement d'un Conseil, quand il le réclame, et que, bien loin qu'aucun motif puisse
légitimement faire excepter un Colonel de cette
règle, elle lui est principalement applicable,*
ma réponse à cette dernière question, sera
une conséquence naturelle et indispensable
de ces premiers élémens.

C'est participer à une injustice, que de
profiter des avantages qu'elle peut offrir. Si le
Colonel que l'on veut destituer, refuse sa
démission ; s'il réclame le jugement d'un
Conseil, auquel il a droit ; il défend sa pro-
priété qu'on veut lui arracher. Accepter sa
dépouille, serait prendre son bien ; et quel
bien est en effet plus précieux pour lui,
que celui auquel son honneur est attaché ?
Mais, sans perdre de temps à établir ici
un principe que la loi naturelle et la loyauté,

ont gravé dans le cœur de tout Gentilhomme Français , quelques mots de la lettre de M. le Duc d'A..., à qui on a offert le Régiment de M. de M..., et qui l'a refusé avec une délicatesse qui lui fait tant d'honneur, suffiront , s'il pouvait rester encore quelque doute, pour décider la question sans réplique.

« Je serais bien condamnable, dit-il , aux
» yeux des gens honnêtes et délicats , si
» j'acceptais un Régiment vacant par la
» destitution d'un Colonel, qui perd sa place
» sans avoir donné sa démission, sans avoir
» été jugé, et qui réclame avec chaleur la
» justice du Roi. Cet acte de délicatesse de
» ma part, cette conduite commandée par
» l'honneur, seront, je n'en doute pas, ap-
» prouvés par vous , &c... ».

Un second exemple vient à l'appui du premier; un autre Colonel, le Marquis de S. Ch., ci-devant Colonel en second du Régiment de M. de M..., et qu'il a été question de remplacer à la tête de ce Corps, écrit à ce sujet.

« Prendre la dépouille de l'homme sous qui
» j'ai été en second pendant deux ans, se-
» rait

» fait avoir l'air de croire à ses torts; je me
» dois , je dois a l'honneur et à la délica-
» tesse, de ne rien faire qui puisse établir
» l'ombre du soupçon ».

» Est-il malheureux celui qui, au même
» grade que moi, était mon Chef, il doit me
» retrouver; et pourrais-je lui refuser fran-
» chise et loyauté?

» Pourrais-je être pour lui, moins honnête
» et moins délicat que ne l'a été M. le Duc
» d'A... qui lui est plus étranger ? »

Ces deux exemples de délicatesse et de
loyauté, auxquels on ne saurait trop applau-
dir, serviront, je n'en doute pas, de modèles
à tous ceux auxquels on serait tenté d'offrir
ce Régiment, et suffisent pour résoudre en-
tièrement la question. En les imitant, on
sera sûr du suffrage général: et quel est celui qui, sous la protection de l'opinion publique, pourrait craindre la disgrace ou la
punition?

D'après cela , mon cher Comte, il me
paraît, qu'en appliquant à la position de M.

C

de M..., les principes que je viens d'établir, il est impossible qu'il n'obtienne pas un jugement, si, comme vous me l'avez dit, il est décidé à persévérer dans la demande qu'il en fait. Les prétextes illusoires dont on se sert pour écarter sa réclamation, perdront toute leur force aux yeux des gens impartiaux, qui liront avec quelqu'attention les réflexions que je vous présente. C'est en vain que, confondant deux choses très-distinctes, on se sert des avantages, et de l'existence que donne à M. de M... la place qu'il occupe à la Cour, et qu'il conserve, parce qu'il est hors du pouvoir des Ministres d'y porter atteinte, pour alléguer que sa considération, et son existence militaire restent intactes, tandis qu'on le dépouille de son Régiment arbitrairement, et sans jugement.

On trouvera même dérisoire l'espérance qu'on lui offre, d'obtenir par la suite le commandement d'un autre Régiment, parce qu'il n'est pas naturel de croire, qu'à l'instant même où on le destitue, sans vouloir le faire juger, on songe sérieusement à lui rendre un jour la chose dont on le prive aujourd'hui aussi injustement.

Voila, mon cher Comte, mon opinion sur cette affaire : vous pouvez faire de ma Lettre tel usage qu'il vous plaira ; puisse-t-elle servir à éclairer sur le vrai point de la question, et provoquer enfin un acte de justice légal, qui, si l'on en juge par la conduite noble et courageuse de M. de M...., ne pourra que mettre son innocence au grand jour, et le confirmer dans la possession de son état !

J'ai l'honneur d'être, &c.

LETTRE

DE

M. LE MARQUIS DE S...

A

MADAME LA COMTESSE DE R...

A Paris, ce premier Août 1788.

JE m'empresse de répondre à la lettre que
vous m'avez fait l'honneur de m'écrire, Madame la Comtesse, pour éclaircir vos doutes
sur l'affaire de M. le Comte de M... ; et je suis
d'autant plus flatté, que vous ayiez bien voulu vous adresser à moi pour connaître la vérité, que je tremblais que vous ne voulus-
siez pas me pardonner la vivacité avec laquelle je combattis dernièrement votre opinion sur l'exercice du pouvoir arbitraire.

Mais en rendant justice à ma franchise ,
vous avez un courage qu'on rencontre rare-
ment chez les femmes , celui d'avouer vos
torts. C'eſt un hommage que je vous dois ,
et que je m'empresse de vous rendre.

Sans être l'ami intime de M. le Comte
de M... , j'ai assez vécu avec lui pour le bien
connaître , et pour avoir la meilleure opinion
de son caractère et de sa façon de penser.
J'avoue même que j'ai mis beaucoup de soin
à l'étudier ; ce qui vous paraîtra peut-être
extraordinaire , car je n'y avais nul intérêt.
Mais , à peu près du même âge , et étant
entré dans le monde en même-tems que lui ,
j'ai voulu juger par moi-même , si l'opinion
publique , qui en général lui était défavora-
ble , avait la vérité pour base. J'ai été convaincu (ce que j'avais déja soupçonné) que
le Public ne jugeait presque jamais que sur
de fausses apparences , et que la bonne ou
mauvaise réputation d'un homme était plus
souvent fondées sur sa tournure , sur ses ma-
nières extérieures , que sur la connaissance
exacte de son caractère & de ses actions.

M. le Comte de M...a été, comme presque tous les jeunes gens, léger, étourdi , & quelquefois inconséquent. Mais ces légers défauts, qu'on regarde toujours comme une gentillesse, lorsqu'ils sont accompagnés d'une tournure élégante, sont devenus, par l'injustice du Public , des vices impardonnables chez M. de M.... Les femmes sur-tout, qui ne considèrent presque jamais que les formes, parce que c'est ce qui donne le moins de peine à connaître, ont été sur son compte d'une sévérité incroyable... et comme leur opinion est d'un très-grand poids dans le monde , et qu'elle entraîne ordinairement les suffrages, tous les défauts ont été attribués à M. de M... Mais j'ose vous assurer, Madame , que ceux qui l'ont connu, et le connaissent particulièrement, rendent justice à son caractère, à sa délicatesse, à son esprit, et même à sa bonhomie dans le commerce ordinaire de la société.

Ayant obtenu le Régiment de L. F..., je ne me souviens plus à quelle époque, M. de

M... y apporta cet esprit de sévérité & de discipline , qui était alors à la mode parmi tous les jeunes Colonels de l'armée ; il voulut que le service s'y fît avec la plus grande exactitude , que les Ordonnances s'exécutassent ponctuellement, que tous les détails de l'administration fussent suivis avec la plus scrupuleuse attention. Les Officiers Français sont en général très-aimables , mais ils détestent la gêne , et je serais presque tenté de croire que ce qu'ils aiment le moins au monde , c'est leur métier en tems de paix ; car en tems de guerre , ce ne sont plus les mêmes hommes. Je connais plusieurs Officiers qui préféreraient quatre batailles à huit jours d'exercice.

On crut dans le Régiment de L. F.., que l'esprit d'ordre et de discipline du nouveau Colonel, n'était qu'un esprit d'inquiétude, et que la colère plutôt que la fermeté le faisait agir ; bientôt s'établit la prétendue incompatibilité de caractère, et vous jugerez aisément, Madame, qu'il se forma une cabale considérable contre M. de M... : de-là tous ses malheurs.

Les Officiers qui ne se laissèrent point aller à l'esprit d'intrigue, furent regardés comme ses espions; un d'entre eux, recommandable à tous égards, fut au point d'être la victime de cette cabale; M. de M... l'a soutenu avec fermeté, lui a fait gagner ministériellement sa cause; et, chose incroyable! lui-même a été puni, pour la suite de cette affaire, dont la justice était évidente. Quelque tems après (et ceci est la seconde affaire), M. de M..., s'étant trouvé à dîner chez un Officier Général, tint, en sortant de table, un propos (peut-être léger) sur le compte d'un Officier Major de Place; ce propos tenu dans l'intimité de la confiance et de l'amitié, ayant été rendu à l'Officier-Major, a occasionné à M. de M..., après une suite de rapports dénués de toute vraisemblance, une punition d'un mois de prison au Château de Ham.

Si tous les propos tenus en société étaient punis de cette manière, il n'y aurait pas un

seul

seul individu en France , qui ne passât quelques années de sa vie dans une citadelle.

Quant à la troisième affaire , à laquelle
vous me mandez , Madame , que vous
ne comprenez rien ; voici en peu de mots
ce dont il est question. On délivre par
mois une certaine quantité de bois de
chauffage aux Régimens de l'armée , presque tous les Colonels (et vous pouvez
vous le faire répéter par ceux de votre
connaissance) cherchent à économiser autant que possible sur cette fourniture , et
emploient les deniers provenans de cette
économie , à plusieurs autres dépenses in-
dispensables dans les Régimens ; hé bien,
Madame, pour cette faute (si c'en est une),
commune à tous les Colonels, M. de M...
a été condamné à rembourser, sur ses ap-
pointemens, environ huit cents livres aux
soldats de son Régiment ; et cependant il
a toutes les pièces nécessaires pour prouver
l'emploi de ces économies.

Voilà, Madame, le récit fidèle des pré-
tendus excès auxquels s'est livré M. de M...

D

pour chacun desquels, en particulier, il a été puni avec sévérité. Mais la cabale et l'intrigue n'étaient point encore satisfaites : une lettre ministérielle lui a annoncé qu'il n'était plus Colonel du Régiment de L. F... Je dois m'abstenir de réflexions : sans doute le Ministre n'a pas cru commettre une injustice; sa religion a été surprise. Mais cependant condamne-t-on un accusé sans l'entendre ? Tel a été le motif de la réclamation de M. de M... Il a fait présenter au Roi un Mémoire noble, ferme et respectueux, par lequel il suppliait Sa Majesté de lui accorder un Conseil de guerre qui pût le juger légalement, et le condamner avec la dernière sévérité, s'il était coupable. Mais encore malheureux, sa demande n'a point été écoutée. C'est alors que M. de M... a cru devoir à son honneur, à sa réputation, au bien même du service, d'envoyer une copie de son Mémoire à tous les Colonels de l'armée, aux Officiers Généraux employés, aux Maréchaux de France, aux Princes du Sang, à tous les Militaires enfin, dont l'opinion peut avoir quelque influence ; elle a été généralement en sa faveur. Tous ont dit que, sans entrer dans le détail de sa conduite, sa réclamation était juste , et qu'on ne pouvait lui refuser un Conseil de guerre. Ne croyez-vous pas même, Madame la Comtesse, que la démarche de M. de M... était un service essentiel à rendre au Ministre. Puisque sa religion avait été surprise, puisqu'il avait été trompé , puisque par une suite nécessaire, le Roi, trompé lui-même , avait prononcé une condamnation injuste ; n'était-ce pas le moyen le plus puissant de l'éclairer, en lui faisant connaître l'opinion publique ?

Quel service plus important que celui d'apprendre à un homme en place, qu'il a commis une injustice ! que celui de le mettre à même de la réparer, en portant la vérité jusqu'au pieds du Trône ! Celui qui commet une injustice, et qui est assez magnanime pour en convenir, et la réparer, est mille fois plus grand que celui qui n'en a jamais commis.

Mais peut-être direz-vous, Madame, qu'il est étonnant que le Roi, qui donne les places, ne puisse les ôter sans rendre compte de ses motifs ? En voici la raison. Quand le Roi accorde un emploi militaire, c'est la bonne conduite, le talent, et sur-tout l'honneur qu'il récompense.

Perdre son emploi, c'est donc être attaqué dans son honneur et sa réputation. Il est impoſſible de ne pas admettre cette vérité. Le Roi, qui doit justice et protection à tous ses sujets, ne peut donc pas les priver de ce qu'ils ont de plus cher au monde, l'honneur et la réputation, sans être assuré que les jugemens qu'il prononce, sont appuyés sur la vérité la plus claire et la plus incontestable ; et le moyen de connaître la vérité, est l'information juridique ; c'est ce que dans le militaire, on nomme un Conseil de guerre.

J'espère, Madame, que vous conviendrez de la solidité de mes motifs, et que vous ne soutiendrez plus, avec autant de chaleur, l'exercice du pouvoir arbitraire, qui, comme le prouve l'affaire dont jai l'honneur de vous rendre compte, est absolument contraire à la justice et à la raison.

Mais trêve aux réflexions ; vous avez su, que malgré toutes les réclamations, le Roi avait nommé au Régiment de L. F... M. le Duc d'A.. qui a eu la délicatesse de le refuser, et qui, par cette conduite, a mérité les éloges de toute l'armée ; j'ai même ouï dire, et vous êtes à portée de le savoir, Madame, que le Roi avait approuvé son refus, et le lui avait fait connaître ministériellement. J'ai encore appris depuis, qu'un autre Colonel, qui avait pu être sur les rangs pour le Régiment de L. F..., avait supplié le Ministre de ne plus penser à lui ; ces deux exemples réunis et répandus dans l'armée, ont achevé de fixer l'opinion, et il est à présumer que personne ne voudra s'afficher pour être moins délicat que ceux dont je viens d'avoir l'honneur de vous parler.

C'est ici que finissent les malheurs de M. le Comte de M..., et je suis persuadé que vous serez de mon avis.

Jusqu'à présent, vous l'avez vu persécuté par la cabale, l'intrigue et l'injustice. Qu'en résulte-t-il ? On le punit pour trois affaires où ses torts n'étaient qu'apparens. On finit par lui ôter son Régiment. Il porte ses réclamations aux pieds du Trône ; il les porte au Tribunal de l'opinion; elle est unanime en sa faveur; personne ne veut accepter son Régiment. Dès ce moment, tout le monde s'intéresse à lui. Ceux qui depuis long-tems étoient le plus fortement prévenus contre M. de M..., cherchent à le connaître plus particulièrement, on s'apperçoit qu'il a été jugé sur des apparences, et non sur des réalités. Les femmes mêmes cherchent à revenir de leur prévention ; et, chose incroyable, l'évènement qui devait le perdre sans ressource, est celui qui lui procure l'intérêt et l'estime publics. Je suis convaincu que vous lui accorderez la vôtre, Madame la Comtesse, et j'avoue que mon amour-propre en sera bien flaté. Peut-être trouverez-vous ma lettre bien longue, mes réflexions bien pesantes et bien ennuyeuses ; c'est à vous-même qu'il faut vous en prendre. Vous m'avez ordonné de vous faire connaître la vérité. Mais, au

total , je vous abandonne le style , pourvu
que vous m'accordiez la raison, et que vous
me permettiez de vous renouveller quelquefois l'hommage du respect et de l'attache-
ment avec lequel jai l'honneur d'être ,

Madame la Comtesse , &c.

www.ingramcontent.com/pod-product-compliance
Ingram Content Group UK Ltd.
Pitfield, Milton Keynes, MK11 3LW, UK
UKHW021202140726
13695UKWH00005B/2289